기억의 그늘을 품다

기억의 그늘을 품다

유대준

현대시학시인선 142

※ 시인의 말

시는 마음을 찾아 떠나는 긴 여행이다

벌써 30년이 지났다

얼마나 더 가야 할까

차례

: 시인의 말

1부 새벽의 보법

과녁	12
새벽의 보법	13
붕어	14
낡은 찻잔	16
돌멩이의 기억	18
별	19
나뭇잎 지도	20
무화과	21
머슴나무	22
풀	24
패각의 집	26
별상	28
무궁화	30
톱	32

2부 옹이구멍

옹이구멍 34
탱자꽃 기억 36
골무 37
징검돌 38
꽃의 기억 40
냄비받침 42
주름 43
사과 44
나비 45
골목 46
푸른 죄 48
목련 50
매화나무 51

3부 아내의 잠

책	54
변기	55
아내의 잠	56
산행	58
산그림자	60
바람잡이	62
맹감나무	64
나비 집	65
바람도 늙는다	66
초승달	68
그녀	70
여백	72
산벚 한 그루	73

4부 붉은 애첩

환한 귀틀집	76
꽃상여	78
단문	79
붉은 애첩	80
깜박	82
민들레 혼魂	84
아버지	86
연애의 유효기간	87
세미누드	88
연	89
주름꽃	90
가족사진	91
나로호	92

* **해설**
기억의 힘으로 가닿는 지극한 사랑의 미학 | 유성호(문학평론가)

1부

새벽의 보법

과녁

바다 위에 붉은 과녁 하나 떴다
내 안에 부러진 큐피트의 화살
뽑아, 시위를 당긴다
쏜살같이 날아간
화살을 삼킨 해가
폭발하듯
부시다

저녁만 남은 바다에 흉터처럼
초승달 떴다

새벽의 보법

새벽 발자국 소리 듣는다

언제나 4시보다 한 발 늦게 왔다

어둠에 시선을 잡아먹힌 지금

더 선명하게 들린다

쿵쿵 나를 굴리는 심장처럼

지구를 굴리며 온다

그 회전축에 시침과 분침, 초침이 빗살처럼 돈다

분쇄된 새벽 4시가 어둠에 터널을 뚫는다

빛가루 날리는 산등성이 나무들도 검붉다

4시가 사라진 자리에 5시가 한 포기씩 빛을 심는다

밤새 어둠이 포장된 길 위로

자동차가 환한 빛을 뿌리며 지나간다

6시가 풍선처럼 부풀다 툭 터진다

어둠이 와르르 무너진다

달동네 깨진 유리창 틈새로 스며든

빛이, 드르륵 아침을 연다

붕어

그는 옆줄 선명한 붕어다

수초 밀집된 곳에 사무실이 어항처럼 놓여있다

수면은 평온해 보였으나

물속에는 바늘을 숨긴 미끼가 낚아챌 기회만 엿보고 있어

긴장을 놓지 못했다

간간이 덥석 물고 싶은 욕망은 입을 뻐끔거리게 했다

모 골프장 연못 잉어가 공을 삼켰다가 끌려갔다는

뉴스를 접한 아버지

선술집 탁자에 어탁을 치며

저수지의 물은 흐르지 않는다고

물빛이 어른거리면

낚시꾼이 버린 줄만 당기도 그물을 엮는 주변을
샅샅이 읽어갔다

물먹고 살아도 갈증이 더한 삶 견디고 있다

낡은 찻잔

찻집에 갔다
주름꽃 만개한 여인이
별자리 수없이 새긴 찻잔 내려놓는다

한눈에 봐도 골동품이다

세작細作의 푸른 기운 우려낸
그 뜨거움 견디느라
찻잔은 실금들을 힘껏 조이고 있다

한 모금 비울 때마다
긴장을 푸는 소리 선명하다

금방이라도 놓아버릴 것 같은 찻잔
어루만진다

그는 너무 많은 성좌를 품고 있다

사자자리 큰곰자리 황소자리 전갈자리

매섭고 사나운 별자리 총총하다

돌멩이의 기억

돌멩이가 호수를 향해 궤도 수정도 없이 날아간다

움직임이 멈춘 바람을 깨우며 포물선을 긋는다

날렵한 힘이 과녁에 적중한다

양수 가득 찬 품에 웅크린 그는 천년을 잠들 것이다

하늘을 날았다는 기억만으로 날개를 새길 것이다

별

농부가 뿌린 씨앗 중에

가장 멀리 떨어진

것들이

피운

꽃이다

나뭇잎 지도

키 큰 버즘나무는 마을의 역사를 새긴 불립문자다

봄 햇살이 빗살무늬 가지에 재잘재잘 뿌려지면

새소리는 푸르게 출력될 것이다

잎은 마을을 10만 분의 1로 축적한 지도다

긴 산맥과 무수히 많은 골짜기가 뻗어있다

옹기종기 들어앉은 마을 어귀에는

장맛비가 할퀸 깊은 상처와

지난겨울 폭설의 흔적이 백반증처럼 그려져있다

잎은 나무의 입이다

제 모양대로 허공을 갉아먹다

목마르면 저수지 물고기처럼 파닥이다

가을을 우수수 떨군

나무는

예리하게 꽂힌 도시계획 깃발과 마주 서 있다

무화과

꽃이 없어도 너는

참 달다

머슴나무

꼴 한 짐 진 머슴이 그늘에서 쉬어간다 하여
머슴나무라 불리는 뒷골 느티나무
풀 한 짐 짊어진 상덕이 형을 닮았다

술 마시면 신세타령에 넋두리 쏟아내다
사정없이 낫으로 후려치던 아픔까지 받아주며
머슴살이 싫다고
지게 벗어 던지고 서울로 떠날 때도
묵묵히 지켜만 봤던 나무는

중풍을 앓았는지 왼쪽 가지는 물소리가 멈췄고
낫에 찍힌 상처는 고목으로 삭인 채
그를 기다리는지
지금도 머슴나무로 서 있다

그런데 어디서 날아왔는지

가지에 걸려 펄럭이는 검은 비닐봉지 하나

막 떠오른 북두칠성의 네 번째 별을 자꾸 감싸고 있다

풀

 농부의 주름 같은 다랑배미 풀 뽑자, 뿌리가 움켜쥔 흙이 한 움큼씩 딸려 나왔다 틈만 나면 마디를 세워 일어서거나 기어 쑥쑥 가세를 넓히는 그들은 지극히 동물적이다

 그중 몇 놈은 농부의 장딴지를 핥다 낚아채면 도마뱀 꼬리 자르듯 싹을 자르고 땅속으로 숨어들었다

 쥐라기 때 바로 사우루스의 엄청난 식성을 피해 쫓기듯 도망쳐온 그들은 청각도 예민한지, 농부의 발자국 소리 들리면 강아지풀은 둥글게 말은 꼬리 살랑살랑 흔들었고 기린초는 더 키를 높여 주위를 살폈고 쥐오줌풀은 뿌리를 옆으로 뻗으며 숨어들 곳을 찾았다

 지금도 잡풀로 낙인찍힌 그들은 수천 년 생존을 통해 도망치기보다는 이제 화해의 꽃 피우는 일이 자신을 지키는 일이란 듯, 이웃의 착한 웃음 같은 노랑 빨강 하얀 꽃밥 산

비탈까지 짓고 있다

  토끼 노루 사슴도 맘껏 퍼가도록

  내일을 말하지 않고, 또 몇천 개의 꽃 피우며

패각의 집

꼬막껍질 쓴 집들이 바람을 견디고 있다

저녁이 깊어지면
굽은 등 조갯살처럼 박고
패각의 어둠 속을 파고들었다

한 생을 주름으로 새기면서도
노비문서 같은 논밭 버리지 못하고
피땀 흘렸지만

억새꽃 계절에도
들판은 허기진 그믐달만 내걸었다

그래도 이 땅은 지켜야 한다며
서릿발 틈에라도
씨 뿌려

봄을 잉태시키겠다고

삽날 아래

웅크린 떡잎의 시간 북돋우고 있다

별상

먹을 것도 없는 집에 웬 자식이 그리 많냐며
이웃들 손가락질에도
자식 키우는 죄 너무 커, 억장이 무너질 때마다
가슴에 구멍 숭숭 뚫고
살았다는 어머니

자식들 떠난 요즘 허전함이 밀려올 때면
밥상 대신 별상을 차린단다

어느 날은 노란 냄비에 라면을 끓여 북극성 자리에 놓고
어느 날은 칠 첩 반상으로 북두칠성 성좌를 차리고
어느 날은 듬성듬성 카시오피아 성좌를 차리다가
구름 껴 별이 보이지 않는 날은
호랑이나 답삭 물어갈 시상이라며
찬밥에 물 말아먹고 잠이 든다는 어머니

오늘도 마루에 앉아

내일 차릴 별상을 궁리 중인 듯

하늘을 살피고 있다

어둠을 듬뿍 담아야 별상을 차릴 수 있다며

아욱 상추 쑥갓 씻어놓고

남쪽 하늘의 물고기자리가 유영하기만 기다리고 있다

지난가을 쪽배 타고 고기잡이 간 이녁이 보고 싶은지

무궁화

어머니 핏발선 눈빛을 가진 꽃이다

저녁에는 고개 숙였다가
아침이면 얼굴 붉히는

부끄러움을 아는 꽃

향기 그윽한 무궁화 백 리 길 걸으면
초록을 품고 만개한 저
태극의 웃음들

이 땅의 무궁한 꽃이다

백의에 핏빛 설움이 뿌려질 때는
삼천의 꽃봉오리 매달고
날마다 꽃숨 던져

겨레의 새벽을 깨웠던

너

무궁화동산에 혼빛으로 왔구나

대한의 꽃

완주의 꽃으로

톱

톱질을 한다

날 선명한 파도가 거침없이 쓱싹쓱싹

바다를 썰고 있다

나무가 바다였나

톱밥이 물보라를 일으킨다

순간 바다 한쪽이 땡그랑 떨어진다

잘린 면을 살펴보니

태풍의 소용돌이 같기도 하고

오래전 어부가 둥글게 쳐놓은

그물 같기도 한 시간을 새긴 채

밀물이 들지 않는 바다는 허공을 품었다

오늘 밤을 밀물로 지피면

동강난 바다에 피가 돌아

헛춤을 추듯 이글이글 차오르겠다

바다는 검은 잠에 빠져들겠다

2부

옹이구멍

옹이구멍

오랜 지병이 간에 옹이로 박혔다는 김 노인

그것 돌아 빠지면 저승길 환하겠다며

천진스레 웃는다

바람이 식구처럼 들락거리던 이모네 판잣집

옹이 빠진 구멍으로 밖을 보면

동구 밖 훤히 보였듯

저승길도 환할까

간밤 또 암흑의 통증을 견딘 그는

슬리퍼 끌 힘조차 놓았는지

방문 열어 앞산

산벚꽃 눈부신 하강의 시간을 보고 있다

꽃이 열매에게 자리를 내어주듯이

그도 세상 문 잠그려는지

콜록콜록 생을 놓고 있다

옹이구멍 밖으로

탱자꽃 기억

봄볕 조는 툇마루에 앉아
가방을 뒤지다 발견한 낡은 손수건 한 장

깊은 과거 속으로 이끈다

탱자나무 울타리 같던 세상에
함성 외치다 찔려 솟은
피 닦아준

그녀의 손수건

세월 껴입은 복판에 핀 꽃이
아직도 붉다.

골무

등잔불이 켜지면 잠든 척했다

그때 어머니 손가락에 골무꽃 폈다

어제 벗어놓은 구멍 난 가난을

한 땀 한 땀 봉합해갔다

덧대도 한 살이 될 수 없는 상처는

한밤중 소피보러 나왔다

무섬증에 바라본 별자리 같았다

징검돌

강물에 기댄 채 기다리고 있습니다
홍수에도 떠내려가지 못하고

그 한 사람

비 오면 비 맞고 눈 오면 눈 맞으며
저 넓은 세상으로 건너 주어야 할

그 한 사람

눈보라가 온몸을 에어도
강물이 전하는 말씀 새기며 버티고 있습니다
사랑보다 큰 그리움으로

그 한 사람

흔들리는 시간의 추에 끌려가면서도

나를 밟고 건너야 할

그 사람을 위해

여울물 소리 밤기차처럼 흐르는

강물에 징검돌이 되어 기다리고 있습니다.

오직 그 한 사람을

꽃의 기억

벌에 쏘인 아픔이

보름이 지나도 아물지 않는다

열일곱 살 때 뒷집으로 이사 와

꼬임에 빠져

처음 꽃망울 터트린 아픔도 이러했을까

장독 뒤에 숨어 흐느끼던 그녀

지켜본 영산홍은

올봄도 수천 개 입을 열어

붉으락푸르락

온갖 독설 퍼붓고 있다

냄비받침

친구 집에 갔다가
시집이 냄비받침으로 쓰이는 걸 보고 의절했다는
모 시인의 말을 듣다
시상 하나 얻은 난 자리가 파하기만 즐겼다
냄비, 상징이 뭐던가 그의 받침이 된다는 것
없는다는 것 그의 모두를 받아들인다는 것
얼마나 오랫동안 꿈꾸던 환상인가
거칠고 뻣뻣하기로 소문난 내 시집 한 권
그녀에게 선물하고 싶다
뜨거운 냄비 올려주고 싶다
까칠한 시 한 편 식탁에서 잘근잘근 씹히다
가시로라도 발라진다면
냄비받침이 된들 바닥이 된들 뭐 그리 서운할까
모두 그가 품은 몸인 걸
아직 끝나지 않은 술자리 술잔은 빙빙 돌고
머리에선 시 한 편 빙빙 돌고

주름

다림질할 때면 주름이 하나씩 늘었다

바지를 움켜잡은 주름 지우려다

또 하나 늘었다

솔기 닳은 바지에 악보 그리다 수없이 지운

오선지 같다

바람이 지나다 튕기면

정선아리랑 한 소절 터져 나올 듯 펄럭인다

삶을 연주하기에는 너무 낡은 바지

세탁소에 맡기려다 또 잡혔다

- 뭐 하로 그러냐 이리 내라, 돈 아깝다

관뚜껑에 친 못대가리 같은 검버섯 핀 어머니

물 한입 푸~ 뿜으며

돋보기 너머로 또 주름 하나 늘린다

사과

냉장고 속,

썩지 못한 사과 한 알 쪼글쪼글하다

꺼내보니

사내 하나 품었다 뗀군

청상과부

꼭지 붉은 그것 같다

나비

그녀에게 보낸 쪽지가 꽃 위에 앉았다

날개를 펴야 읽을 수 있는

동사인 편지

골목

밤이 와도 골목은 깊이 잠들지 못 한다

가래 끓는 소리가 끝없이 창문을 두드리기 때문이다

코끼리 떡집에서는 코끼리 코보다 긴 가래떡을 빼고

24시 운영이라 쓴 글씨 빛바랜 슈퍼에선 낡은 담요가

새우잠을 잔다

새벽담배 한 모금 피우는 게 낙인 2층 남자가

더러운 세상이라며

담배꽁초를 툭 던지고 사라지면

골목엔 우유배달과 신문배달부의 발걸음만 분주하다

골목만 빠져나가면 바로

대형슈퍼와 유명마트가 있고

불밤이라는 클럽이 어둠을 활활 태워

대낮처럼 환한데도

골목은 낮에도 어둠뿐이다

골목이 오늘도 아침을 밝히지 못하는 것은

우유배달 아줌마와 신문배달부가 지나가야 하고

밤새 끓어대던 소란이

잠들었기 때문이다

그러나 사거리 신호등 아래는

건너갈 사람과 건너올 사람이 떼 지어 있다

푸른 죄

온통 푸른 것뿐이다

저 푸른 것이 다 그리움이라면
어찌 행복하겠는가

생살 찢어 피워낸 잎
깃발처럼 펄럭이는 몸짓을 보니

평생 푸르게 아프겠다

젊은 날, 죄 많은 사랑하다
주홍 무늬 새긴 채
적막의 포로가 된
나와

무엇이 다르겠는가

산 너머 젖은 그림자

자유가

아프다

목련

사월의 그늘은 하얗다

매화나무

수백 송이 꽃에 싸여 똬리 튼

뱀 한 마리

바람이 설핏 비늘을 들추면

징그럽게

예쁘다

그때마다 갈라진 혀로

바람을 핥는다

벗어놓은 허물도 환하다

3부

아내의 잠

책

비 내리는 오후 서재는 밀림이다

뿌옇게 핀 이끼 걷어내고 책 한 권 빼들자
물비린내 물컹하다

페이지마다 품은
도마뱀, 늘보원숭이, 초록뱀 눈빛까지
손끝에 촉촉하다

나무가 몸에서 연두를 빼고 얻은 이름
한 그루 책이다 아니,
온갖 야생의 씨앗들이 박힌 열매다

모든 짐승이 빠져나간 내세의 밀림이다

변기

화장실 문을 열자

짐승 한 마리 움츠린 채 노려보고 있다

입의 크기는 야생의 맹수 중 제일이다

그는 몸통이 입이다

눈, 코, 귀 다 버리고 입만 가진 건

순전히 인간들 탓이다

먹이를 찾지 않아도 때만 되면

묵직한 몸이 주저앉아

콸콸 쏟아주는 습성 탓이다

그의 큰 입과 작은 목구멍은 아귀 같다

오늘은 그의 입안에 낀 누런 냄새를 닦아줬다

포효하듯 환하다

사랑도 외로움도 딱딱하게 굳은

짐승 한 마리

반질반질 기르고 있다

아내의 잠

늦은 귀가를 기다리다

이불 돌돌 말아 고치 집 지은 그녀를 본다

머리쪽에 숨구멍 하나 나 있다

처마 낮은 방에 엎드려

등이 가렵다고 피 나도록 긁으며

삶은 쓴약 같다던 그녀가

숨을 드르렁 내쉬며

번데기처럼 저승잠을 잔다

한참을 바라보다

혹 아내의 집에 찬바람이 스밀까

이불을 당겨 덮어주다

화들짝 놀라 고치 속 그녀를 깨운다

한 올 풀려나온 실오라기가

당겨도 끝이 보이지 않는다

그녀와 나 사이에 이렇게 긴 경계가 있었던가

세상과 싸우고 나와 싸우느라

손에 단단한 각질을 새긴 그녀는

깨워도 끔적하지 않는다

우화등선을 꿈꾸는지

산행

가을밤 이슬에 취한 단풍이 울긋불긋 환하다

정상에 서니
저만치 서 있는 나무는
강물 거슬러 오르느라 비늘이 헐은 물고기처럼
잎을 방생 중이다

여기저기 단장한 붉은 미소와 마주하다
산그늘 따라 집에 와 옷을 털자
산빛이 거실 가득 날린다

어라 거울 속 내 얼굴도 붉다
하산해 마신 막걸리 탓만도 아니다
힘껏 문질러도 지워지지 않는 붉음
내 몸도 단풍 든 걸까
주름이 떨켜처럼 이마에 새겨 있다

어느 사이 몸을 숙여 처마까지 들어선

어둠을 살피려 창문을 여는데

가슴 한쪽이 바스락 저린다

열면서 닫히는 것도 있음을 본다

산그림자

앞산 낙타가 어슬렁어슬렁 마당귀에 내려서면
고삐잡고 마을 앞까지 나가 놀았다
마당 가득 모깃불 연기가 필쯤
숲으로 돌려보내고 돌아오면
삶의 멍에가 등에 육봉처럼 솟은 아버지는
평상에 육봉을 누인 채 흙먼지 낀 눈썹 깜박거렸다
제법 사내 틀이 잡혔다며
그가 바늘귀를 통과해 뒷산 낙타를 타고 떠난 뒤
그의 슬픔이 내 손금에 새겨질까
어머니는 모든 흔적을 지우고
그의 유일한 안식처마저 풀어
문패 없는 집들이 늘어선 도시 산비탈에
보자기에 가득 싼 가난 풀어 놓았다
그 후 새벽이면 낡은 바지의 재봉선 같은 골목을
빠져나가 인력시장으로 달려갔다
불편한 행복을 찾아 공사판 쫓아다니다

얼룩진 피로 껴안고 돌아오는 어머니 등에도
어느 사이 육봉이 솟아있었다
이제 어머니도 뒷산 낙타를 기다리는지
휴일이면 달동네에 내리는 산그림자
볼이 빨개지도록 갸웃갸웃 살피고 있다

바람잡이

마당 양지에 줄 하나 쏙 긋고 빨래를 넌다
바람을 잡으려 한다
이불 홑청으로 그의 몸통을 비틀어 잡고
물먹은 양말이며 옷가지로 팔다리 걸면
그놈은 빠져나가려 짐승처럼 날뛸 것이다
그때 바지랑대로 일침을 가하면
허리 꺾인 바람은 몸부림을 멈춘 채
허공 한쪽을 휜다
그때 찢긴 런닝셔츠 구멍으로 스민 하늘이
말린 빨래는 바람 옷이다
그 옷 갈아입고 나는 변신을 꿈꾸려 한다
정치판에 나서볼까
질퍽한 시장바닥을 훑고 다닐까
지상이 하늘이다 외치는 문사들
성채에 입성해 바람잡이나 될까

바싹 마른 빨래가

아내의 품에 안겨 터벅터벅 거실로 들어선다

맹감나무

한낮인데도

붉은 꼬마전구를 켠 열매들이
한기 오골오골 파먹고 있다
눈 어두운 까치가 못 볼까 봐
손사래 치고 있다

한낮인데도

나비 집

지푸라기
이엉 쓴 초가집은 나비집이다

방문도 두 쪽
창문도 두 쪽
부엌문도 두 쪽

그가 모신 어머니 먼 길 떠나자

바람 불면 그도 떠나려는지
삐거덕 덜컹 저승 춤을 추고 있다.

바람도 늙는다

세상의 온갖 것 상관하며 분탕질하던 바람을

아이가 풍선에 담아왔다

각기 다른 형상으로 비틀어 가지고 논다

그 속엔 별게 다 많다

달의 발자국 소리와 남해의 해조음 철새 울음까지

바람은 유목의 피를 가진 듯

아이와 쿵쿵거리며 격렬하게 뒹굴다

방바닥에 널브러졌다

어떤 놈은 모서리에 고개를 처박고 있고

어떤 놈은 책상다리에 관절을 편 채 미동도 없다

이른 아침 방문을 열어보니

달빛이 스민 창가를 뒹굴던 놈은

탈출을 위해 몸부림이 얼마나 심했는지

몸피가 쭈글쭈글하다

형상이 무너진 그를 발로 툭 차자

펑, 하고 터진다

아직도 성깔이 남아있었는지

나를 밀치고 마당가 감나무 가지 출렁이더니

앞산 굴참나무 숲으로 사라져갔다

초승달

둥근 달빛 아래서

내가 무슨 짓을 했는지

그는 다 알지

눈만 있고 입이 없는 세상이라 믿고

착한 척 자상한 척 정의로운 척

탈 없이

척척 살았지

저 달이 초승달이 되기 전까지는

누구도 몰랐지

나 하나

깨우치려고 달은

제 살 깎아 문틈 가지 틈 바람 틈에

한 마디씩 내걸어 놓은 것을

달이 하늘의 입이었다는 것을

그녀

찰흙 한 덩이 얻었다

만질수록 착착 안기는 찰기는

속궁합 딱 맞는 그녀다

꿈을 접은 내게 상상의 날개를 펼쳐

또 다른 나를 빚어주던

재주 많은 그녀다

잠시, 사랑이 위장 전입한 사이

곱던 피부는 찰기 쏙 빠져

딱딱한 뼈대만 남고

풍성했던 젖가슴은

단단한 돌덩이로 굳었다

그사이 훌쩍 큰 아이가

찰흙덩이를 가지고 놀고 있다

그 불안한 놀이에 대해 일러주고 싶었다

곁에 두고 항상 만져주어야 한다고
눈 돌린 순간, 그는 딱딱한 돌덩이가 되어
너를 향해 날아들 거라고

여백

꼬깃꼬깃 접힌 육십이란 생을 펴 즉석복권 샀다
한 건 딱 터뜨리고 싶은 욕망에
이스트 뿌려 마음을 긁는다
쓱쓱
은박 뒤에 숨은
행운이 꽝, 꽝 터진다

아직도 내게 줄 행운은 없는지
탁자 아래 쓰레기통에 복이 찬다

산벚 한 그루

숲이 되지 못한 산벚 한 그루

쓰러지지 않으려고

아파트 담장에

기대고 있다

버티기로 사는

나 같다

4부

붉은 애첩

환한 귀틀집

셋방살이 버티다 찾은 고향집
호미 날에 쫓겨 가파른 산길로 숨어든 풀이
그늘진 바위 밑 어딘가 산다더니
언제 왔나, 마당 가득
키를 넘는 풀 향기 코끝에 찡 감긴다

벌레소리에 귀 후볐던
옛 생각이 젖어있는 벽
틈으로 들여다보니

서생들이 가족사를 썼는지
식탁이며 방바닥에 오줌 자국이며
상형문자 같은 발자국 여기저기 끌어다 놓았다

순간 인기척을 느낀 세간들이
제자리를 찾느라 우당탕탕 환하다

쇠죽 끓던 아궁이

청솔가지 그을린 자국은

아직도 맵다

꽃상여

산모퉁이

감나무가 조등을 내건다

억새꽃 만장처럼 펄럭이는

산길 따라 꽃상여 떠간다

낙엽이 눈물처럼 날린다

서두를 것 없는 세상

뭘 그리 서둘러 가냐며

노인이 뚝 뚝 조등을 끈다

단문

노환으로 입원한 할머니 일으켜 앉히자

불 꺼진 장작 뒤집으면 흰 재 날리듯

살비듬이 날렸다

이제 문밖을 날고 싶은지

무수히 많은 주름이 몸을 접고 있다

붉은 애첩

늘 같은 말만 외는 아내의 말 따라 하며 살다
봄의 통증 같은 사랑 쏟아부을 애첩 몰래 들였다
C사 몇째 부인의 몇째 딸인지도 모른 채
지참금을 요구하는 대로 주고 데려왔다
붉은 앞치마를 입은 그녀는
언제나 공손히 앉아 있다
그녀와 사랑법은 의외로 간단했다
애첩 사용 설명서가 일러주는 대로
지그시 누르면
그녀는 밤낮없이 뜨거웠다
때늦은 나의 귀가도 보채지 않고
출출한 빈속까지 따뜻하게 채워주었다
늘 풍성하고 넉넉한 그녀의 선정은
갱년기로 그늘 깊은 아내의 마음까지 사로잡았다
아침저녁으로 내가 필요한 욕망을
그녀의 가슴에 채우면

<u>스스로 뜨거워지는 행복</u>

무엇이든 쉽게 묻고 말하는 세상에
내 사랑법이 공개되면 뭐라 할까

깜박

주머니에 팔만 원이 든 환의

깜박 수거함에 넣었다

잠시 후 수거함을 뒤져보니 없다

허전함이 그 주위를 빙빙 돌리며

남이 벗어놓은 허물까지 뒤지게 한다

빈 주머니에 손을 넣고 터벅터벅 병실로 가는데

묘한 생각이 위로한다

누군가 환의에서 그 돈을 발견한다면

운 좋은 날이라고 자장면 한 턱 쏠 수도

누가 볼까 슬쩍 주머니에 넣었다가

퇴근길에 통닭에 소주 한 잔 즐길 수 있겠다고

생각하니

슬몃 웃음이 허전함을 깬다

그러고 보니

깜박은 실수나 망각이 아닌

또 다른 나눔의 언어인가 보다

오늘따라 깜박이는 별이 참 많다

민들레 혼魂

담 밑 수줍음이 노랗다

거친 톱날의 잎이 허공을 베어 밀어올린 꽃대에

배냇 웃음꽃 폈다

졸음에 겨운 듯 히쭉거리는 옹알이 예뻐

덥석 안으려다 그만 꺾고 말았다

젖을 빨고 있었나 뜸물을 토한다

그를 손으로 안아

붉은 놀 속에 날려주었다

놀도 그림자를 거두어 빠르게 부서졌다

그날 밤 서녘 하늘에 별 하나

툭, 눈물처럼 솟았다

아버지

내게도 핀다

땡볕에 몸 부풀면 잎맥을 열고

눈물처럼 쏟는 꽃

몸이 꽃대인 꽃

꽃이자

열매인 꽃

오랜만에 만난 친구가 시방도 농사짓고 사냐며
서울 가 살자 할 때 빙그레 웃던
그 백치 웃음꽃

연애의 유효기간

술 마시다 옆 테이블 다정한 연인을 본다

연애도 유효기간이 있을까

썩은 고기 위에 파리 떼 같은 생각을

한 마디씩 뱉는다

하루 붙었다 떨어진다고 하여

대일밴드 사랑이라고도 하고

삼삼하게 삼 년이라고도 하고

호호하다 씨팔하고 헤어진다며

십팔 개월이라고도 한다

십팔에 건배하고

하얗게 곰팡이 핀 추억을 안주 씹듯 씹는데

표정 없이 앉아 있던 노총각 영태가

딱 하루도 좋은 게

대일밴드라도 한 번 붙여 보고 싶다며

막걸리 한 잔 쭉 빤다

세미누드

환상의 진화 앞에 움찔한다

관념마저 발효한 표정 밝다

심장의 박동에 맞춰

찰칵! 셔터를 누르자

그녀 동공에 잡힌 내 마음이

인화된다

연

바람이 드셀수록 높이 날았다

가난한 들판 팽팽이 당기며

유능한 얼레잡이는 줄을 다 풀지 않는다고

곡예하듯 허공을 휘졌던 아버지

허리 꺾여

이 땅의 액막이 되어 날아가던 날도

무한천공 속에는 장타령만 드높다

주름꽃

줄줄이 환하다

할머니 얼굴에 핀 주름꽃

미수米壽에 이르러 겨우 피운

빛바랜 생화

한 송이

가족사진

사진첩에 담아 둔 시간 살짝 들춰 본다

금산사 대웅전 뜰에

할머니 아버지 어머니 고모 삼촌 형
누나까지

빙 둘러

연꽃 한 송이 피웠다

나로호

나로호 추락 화면을 보면서 열세 살 때 기억을 떠올렸다

수천 볼트 전류가 흐르는 전선에 쪼르르 앉자
지저귀는 소리

키를 높인 수수망초는
떨어지는 새소리 숭얼숭얼 꽃으로 맺었다

그때 뒷담에 숨어든 포수가 카운트다운도 없이 발사하자

참새 한 마리 떨어지는 힘으로
수십 마리 새가 솟아올랐다

떨어진 새는 약 닳은 시계 초침처럼
숨 깔딱이다

망초 꽃밭 양지쪽으로 차갑게 날아가 버렸다

서해 깊이 안식을 꿈꾸며

날아간 나로호처럼

:: 해설

기억의 힘으로 가닿는 지극한 사랑의 미학

유성호(문학평론가, 한양대학교 국문과 교수)

1. 아름다운 인생론적 축도縮圖

 유대준의 새로운 시집 『기억의 그늘을 품다』는 '시간'이라는 창窓을 통해 아름다운 인생론적 축도縮圖를 그려낸 미학적 성과로서 돌올하게 다가온다. 서정시의 보편적 정서인 그리움을 주조主潮로 하여 많은 이들을 정서적으로 위안하는 서정의 도록圖錄을 펼친 셈이다. 우리는 그 안에서 고전적인 서정의 원형을 어렵지 않게 발견하면서 시인 스스로의 고백과 증언에 집중하게 된다. 유대준 시인은 이번 시집에서 지나온 시간을 충실하게 복원하면서 그 안에 통일적이고 인상적인 순간들을 하나씩 구축해간다. 그렇게 구현된 '충만한 현재형'을 통해 서정시의 한 극점을 보여준 것이다. 특별히 이번 시집에는 삶과 사물을 향한 투명한 시선과 그 시선을 통한 섬세한 기억의 매무새가 견고하게 결속해 있는데, 우리는 삶과 사물에 대한 시인의 낱 낱 기억을 통해 매우 심미적인 서정의 결실들을 풍요롭게 만나게 된다. 따라서 우리는 그의 시가 산뜻하고 간결한 서정의 한 전형을 보여주는 범례範例가 되고 있음을 넉넉히 발견하게 될 것이다. 이제 그 세계 안으로 한 걸음씩 들어가 보도록 하자.

2. 천천히 소멸해가는 시간에 대한 외경畏敬

먼저 우리는 유대준 시인의 '시간'에 대한 섬세한 인식을 만나게 된다. 말할 것도 없이 서정시에서 시간에 관심을 가지는 태도는 매우 보편적인 것이다. 그 어떤 사물이나 현상도 시간의 흐름으로부터 자유로울 수 없다는 점에서, 시간은 매우 중요한 서정시의 실존적 조건이 되어주기 때문이다. 물론 시간은 맹목의 가속도로 나아가기도 하고 아름다운 기억의 질료로 남기도 한다. 이때 유대준 시인은 최대한 사물에 직핍直逼하여 혼신을 다해 귀를 기울임으로써 시간이 모든 사물의 실존적 조건임을 노래해간다. 그의 시는 폐허에 가까운 현실을 견디게끔 위안을 선사하면서 쓸쓸하고도 아름다운 삶의 형식으로 우리를 인도해간다. 불모의 시대에도 가장 약하고 짧은 서정시를 통해 그는 근원적 감각을 탈환하고 원초적 통일성을 회복해간 것이다. 그 원초적 통일성을 추구하면서 어떤 시원始原의 형상을 발견하려는 것이 바로 유대준 시학의 양도할 수 없는 권역인 셈이다. 그렇게 이번 시집은 시인이 자신만의 나직한 목소리를 통해 사물의 다양한 형상과 그것을 감싸고 있는 시간의 질서를 노래한 언어적 집성集成으로 다가오고 있다. 다음 시편을 한번 읽어보자.

찻집에 갔다
주름꽃 만개한 여인이
별자리 수없이 새긴 찻잔 내려놓는다

한눈에 봐도 골동품이다

세작細作의 푸른 기운 우려낸
그 뜨거움 견디느라
찻잔은 실금들을 힘껏 조이고 있다

한 모금 비울 때마다
긴장을 푸는 소리 선명하다

금방이라도 놓아버릴 것 같은 찻잔

어루만진다

그는 너무 많은 성좌를 품고 있다

사자자리 큰곰자리 황소자리 전갈자리

매섭고 사나운 별자리 총총하다

― 「낡은 찻잔」 전문

 '낡은 찻잔'은 그 자체로 오랜 풍화를 겪어온 반듯한 시간을 은유한다. 시인은 그 안에 자신의 삶을 이입하는 형식을 취함으로써 삶에 대한 지극한 통찰의 과정을 보여준다. 찻집에 들렀을 때 만난 "주름꽃 만개한 여인"이나 그녀가 내놓는 "별자리 수없이 새긴 찻잔"은 모두 시간의 흐름 위에 놓인 형상들이다. 한눈에 골동품임을 알 수 있는 낡은 찻잔은 지금도 실금들을 가까스로 조이고 있는데, 이는 아마도 "세작細作의 푸른 기운 우려낸/ 그 뜨거움" 견뎌온 세월이 찻잔을 감싸고 있기 때문일 것이다. 한 모금 비울 때마다 긴장 푸는 소리를 건네면서 "사자자리 큰곰자리 황소자리 전갈자리/ 매섭고 사나운 별자리 총총"한 성좌들을 품는 찻잔을 어루만지면서 시인은 스스로 '낡은 찻잔'과 동화되어간다. 말하자면 '여인=찻잔' 그리고 '찻잔=시인'의 등가적 형상들을 연쇄적으로 만들어낸 것이다. 그렇게 낡은 찻잔은 "나무가 몸에서 연두를 빼고 얻은 이름"(「책」)처럼 애틋하고 아름답게 살아난다. 이처럼 시간을 중심으로 한 이입 방식은 "미수米壽에 이르러 겨우 피운// 빛바랜 생화// 한 송이"(「주름꽃」) 같은 표현에서도 얼마든지 만나볼 수 있다. 다음은 어떠한가.

오랜 지병이 간에 옹이로 박혔다는 김 노인

그것 돌아 빠지면 저승길 환하겠다며

천진스레 웃는다

바람이 식구처럼 들락거리던 이모네 판잣집

옹이 빠진 구멍으로 밖을 보면

동구 밖 훤히 보였듯

저승길도 환할까

간밤 또 암흑의 통증을 견딘 그는

슬리퍼 끌 힘조차 놓았는지

방문 열어 앞산

산벚꽃 눈부신 하강의 시간을 보고 있다

꽃이 열매에게 자리를 내어주듯이

그도 세상 문 잠그려는지

콜록콜록 생을 놓고 있다

옹이구멍 밖으로

― 「옹이구멍」 전문

  이 시편에서 시인은 삶의 만년晩年을 살아가는 '김 노인'이라는 캐릭터를 등장시킨다. 노인은 "오랜 지병이 간에 옹이로 박혔다는" 말을 건넨다. 그 옹이가 돌아 빠지면 저승길 환하겠다고 하는데, 시인은 문득 자신이 어린 시절 이모네 판잣집 "옹이 빠진 구멍"으로 동구 밖 훤히 보이던 순간을 떠올린다. 환한 저승길을 소망하는 노인의 천진스러운 고백에도 불구하고, 시인은 간밤 암흑의 통증을 견뎠을 노인이 바라보는 "앞산/산벚꽃 눈부신 하강의 시간"을 오버랩시킨다. 그렇게 노인은 옹이구멍 밖으로 "꽃이 열매에게 자리를 내어주듯이" 환한 생의 마지막 순간을 놓고 있는지도 모른다. 결국 '옹이구멍'은 천천히 저물어가는 시간을 환기하면서도 노인으로 하여금 가장 눈부신 하강의 순간을 맞이하게끔 하는 힘을 발휘하고 있다.

이처럼 유대준 시인은 '찻잔'이나 '노인'의 시간을 바라보면서, 소멸이나 죽음 같은 쇄사가 가지는 시간의 문양을 아름답게 기록하고 있다. 우리 주위에 다양하게 편재遍在한 사물의 외관을 구체적으로 묘사함으로써 그러한 시간의 형상을 오나성하고 있는 것이다. 이때 시인은 감각적 현재형의 묘사와 함께 지난 시간에 대한 회억回憶을 통해 불가피한 소멸의 순간에 한 걸음씩 다가간다. 형식 논리적으로는 모순으로 보이는 이러한 발상은 우리의 삶이 죽음이나 소멸과 격절隔絶된 것이 아니라 그것들과 언제나 이어져 있는 것이라는 점을 잘 알려준다. 이때 시간을 되살피는 시인의 마음은 표면에 떠있는 고정된 상像에 주목하지 않고, 가장 깊은 삶의 심연에 보편적으로 존재하는 형상을 우리에게 선명하게 제시해준다. 그만큼 우리는 천천히 소멸해가는 시간에 대한 외경畏敬이야말로 유대준 시를 구성하는 중요한 원리 가운데 하나라고 말할 수 있을 것이다.

3. 존재론적 기원에 대한 기억과 경의敬意

다음으로 우리는 시인의 존재론적 기원origin에 대한 선연한 기억과 만나게 된다. 여기서 '기억'이란 과거를 그대로 재현하고 거기에 배타적 가치를 부여하는 퇴영적 행위를 뜻하지 않는다. 오히려 그것은 지나온 시간들을 원초적 형식으로 복원하면서도 그것을 삶의 현재형과 매개하는 행위라고 해야 한다. 원래 기억은 시인 자신의 적극적이고 창조적인 조정 기능의 하나로써, 통일되고 일관된 주체를 구성하는 기능을 행사한다. 서정시의 보편적 원리 가운데 하나이기도 한 그것은 그 점에서 시인의 정체성을 회복해가면서 존재론적 기원을 상상하게끔 해주는 운동이기도 한 것이다. 유대준 시인은 이러한 기억의 특권을 견지하면서 가장 근원적인 실감에 잠입하여 자신을 가능케 했던 존재론적 기원으로 거슬러 올라간다. 그렇게 이번 시집은 근원적 기억과 실감의 결속이라는 원리에 의해 일관되게 짜인 수확으로 다가온다. 결국 시인은 서정시의 존재 의의가 완전하게 사라져갈 법한 시간을 다시 환기하는 힘과 연결된다는 점을 보여준다. 서정시가 미지의 것을 창출하기보다는 시간 속에 묻힌 오랜 경험을 드러내는 기억의 형식임을 알려준 것이다. 그만큼 유대준의 시는 내부로부터 감염되어오는 기억의 계시revelation이며, 창조적 상상력을 통해 새로운 충격을 건네주는 존재론적 기원으로부터의 생성적 경험이라고 부를 수 있을 것이다.

먹을 것도 없는 집에 웬 자식이 그리 많냐며
이웃들 손가락질에도
자식 키우는 죄 너무 커, 억장이 무너질 때마다
가슴에 구멍 숭숭 뚫고
살았다는 어머니

자식들 떠난 요즘 허전함이 밀려올 때면
밥상 대신 별상을 차린단다

어느 날은 노란 냄비에 라면을 끓여 북극성 자리에 놓고
어느 날은 칠첩반상으로 북두칠성 성좌를 차리고
어느 날은 듬성듬성 카시오피아 성좌를 차리다가
구름 껴 별이 보이지 않는 날은
호랑이나 답삭 물어갈 시상이라며
찬밥에 물 말아먹고 잠이 든다는 어머니

오늘도 마루에 앉아

내일 차릴 별상을 궁리 중인 듯

하늘을 살피고 있다

어둠을 듬뿍 담아야 별상을 차릴 수 있다며

아욱 상추 쑥갓 씻어놓고

남쪽 하늘의 물고기자리가 유영하기만 기다리고 있다

지난가을 쪽배 타고 고기잡이 간 이녁이 보고 싶은지
— 「별상」 전문

  어머니께서 차리시는 별의 상床을 노래한 이 아름다운 시편은, 먹을 것도 없던 옛 시절의 가난과 추억의 한순간을 잘 보여준다. 가난 속에서 여러 자식들을 키우신 죄로 억장 무너질 때 많았지만 어머니는 이제 자식들 떠난 허전함으로 "밥상 대신 별상"을 차리신다. 그 별상에는 '북극성/ 북두칠성/ 카시오피아' 등의 성좌가 교차적으로 어른거린다. 별이 보이지 않는 흐린 날에는 "호랑이 답삭 물어갈 시상"이라며 물에 찬밥 말아먹고 잠드시는 어머니야말로 '시인 유대준'의 선명한 존재론적 기원이 아니겠는

가. 어머니는 오늘도 마루에 앉아 '별상'을 궁리하시고, 어둠을 담아야 별상이 가능하다면서 "아욱 상추 쑥갓 씻어놓고" 남쪽 하늘을 바라보신다. 그 과정에서 "지난가을 쪽배 타고 고기잡이"를 떠난 시인 자신은 어머니가 그리워하는 지극한 대상이 되고 있다. 그렇게 '별상'은 자식들을 향한 어머니의 사랑을 잘 나타내고 있고, 시인의 어머니에 대한 기억은 "사진첩에 담아 둔 시간"(「가족사진」)처럼 오래도록 이어져갈 것이다.

> 셋방살이 버티다 찾은 고향집
> 호미 날에 쫓겨 가파른 산길로 숨어든 풀이
> 그늘진 바위 밑 어딘가 산다더니
> 언제 왔나, 마당 가득
> 키를 넘는 풀 향기 코끝에 찡 감긴다
>
> 벌레소리에 귀 후볐던
> 옛 생각이 젖어있는 벽
> 틈으로 들여다보니
>
> 서생들이 가족사를 썼는지

식탁이며 방바닥에 오줌 자국이며

상형문자 같은 발자국 여기저기 끌어다 놓았다

순간 인기척을 느낀 세간들이

제자리를 찾느라 우당탕탕 환하다

쇠죽 끓던 아궁이

청솔가지 그을린 자국은

아직도 맵다

― 「환한 귀틀집」 전문

  이번에는 시인이 찾아온 고향 이야기가 펼쳐진다. 시인이 셋방살이 버티다 찾은 고향집은 '환한 귀틀집'으로 묘사되는데, 이제 이곳은 호미 날에 쫓겨 산길로 숨어든 풀이 마당 가득 스스로의 향기를 풀면서 다가온다. 옛 생각이 아직 젖어있는 갈라진 벽의 틈으로 여러 세월의 흔적이 역력하게 들어온다. 인기척을 느낀 세간들이 부산하게 움직이는 착란의 순간에 시인은 "상형문자 같은 발자국"을 한껏 바라보게 된 것이다. 오래 전 남았을 "쇠죽 끓던 아궁이/ 청솔가지 그을린 자국"은 아직도 풀 향기보다 훨씬 더 맵게 다가오고 있지 않은가. 그 "환한 귀틀집"이야말로 이제는 돌아갈 수 없는, 하지만 이렇게 환하게 찾아오는 시인 자신의 존재론적 기원일 터이다. 아마도 이러한 형상 안에는 바람이 드셀수록 높다랗게 날던 연을 통해 "유능한 얼레잡이는 줄을 다 풀지 않는"(「연」) 것을 배워간 시인의 성장사가 고스란히 들어 있을 것이다. 그리고 "오랜만에 만난 친구가 시방도 농사짓고 사냐며/ 서울 가 살자 할 때 빙그레 웃던/ 그 백치 웃음꽃"(「아버지」)도 그대로 남아 있을 것이다. 단연 애잔하고 융융하고 아름답지 않은가.

이처럼 유대준 시인은 자신의 존재론적 기원을 정성껏 탐색해간다. 존재의 근원에 대한 원형적 사유로 집약되는 그러한 세계는 가족들에 대한 기억과 그리움의 에너지를 통해 다양하고도 심원한 형상을 얻어간다. 이때 기억과 그리움은 시인 자신의 제일의적 존재 조건이 되어주고, 그의 시는 자신의 경험적 구체를 기억하면서도 이제는 그러한 시간을 되돌릴 수 없다는 그리움에 감싸여 있게 된다. 더욱 확장해서 말하면, 시인의 기억과 그리움은 인간 존재 형식을 그대로 담고 있는 고유한 정신 운동이라고 해도 지나치지 않을 것이다. 사실 모든 기억은 지난 시간을 단순하게 재현하는 것이 아니라 주체의 현재 욕망에 의해 선택되고 재구성되는 것이라는 점에서 그것은 시인이 현재 가지고 있는 욕망과 퍽 닮아 있게 된다. 그렇게 유대준은 부모님과 고향을 떠올리면서 존재론적 기원에 대한 기억과 경의敬意를 노래하면서, 지금도 원초적 통일성을 회복해가려는 시인으로서의 욕망을 보여준다. 그럼으로써 그 스스로는 전형적인 서정시인으로 우뚝하게 선 것이다.

4. 궁극적 삶의 형식으로서의 사랑의 마음

이제 유대준 시인은 지극한 사랑의 마음에 다다른다. 서정시는 원래 시인 자신의 고백적 속성에 바탕을 두는 양식이다. 시인의 자기 발화에서 시작되고 완성되는 서정시의 대상은 공공적 범주를 통해 일종의 사회적 확산을 가져오는 경우도 있지만, 그때조차 서정시는 궁극적 회귀의 속성을 잃어버리지 않는다. 물론 여기서 말하는 회귀의 속성이 철저하게 사적私的 개인으로 축소되는 것은 아니다. 우수한 서정시는 가장 사적인 이야기를 할 때조차 그 안에 어떤 보편성을 환기하기 때문이다. 그 점에서 유대준 시인의 작품은 선명한 기억 속에서 원초적인 대상들을 향해 한껏 나아갔다가 다시 스스로의 삶으로 귀환해 들어오는 회귀의 속성을 일관되게 견지하고 있다. 시인은 스스로의 삶으로 귀환해 들어오는 마음을 한없는 사랑으로 바꾸어간다. 그 안에는 오랜 시간의 힘으로 인화해가는 사랑의 언어들이 한껏 웅크리고 있을 것이다.

    강물에 기댄 채 기다리고 있습니다
    홍수에도 떠내려가지 못하고

    그 한 사람

    비오면 비 맞고 눈 오면 눈 맞으며
    저 넓은 세상으로 건너 주어야 할

    그 한 사람

    눈보라가 온몸을 에어도
    강물이 전하는 말씀 새기며 버티고 있습니다
    사랑보다 큰 그리움으로

    그 한 사람

흔들리는 시간의 추에 끌려가면서도

나를 밟고 건너야 할

그 사람을 위해

여울물소리 밤기차처럼 흐르는

강물에 징검돌이 되어 기다리고 있습니다.

오직 그 한 사람을
— 「징검돌」 전문

  이 강렬한 기다림과 버팀은 한 사람을 향한 애착을 가능하게 해주는 유니크한 운동으로 작동한다. 특별히 '징검돌'로 상징되는 시인 자신의 견고한 사랑은 홍수에도 떠내려가지 못하고 오직 "그 한 사람"을 기다리는 힘으로 이어져 간다. 때를 따라 "저 넓은 세상으로 건너 주어야 할// 그 한 사람"은 눈보라가 온몸을 에인다고 하여도 반드시 만나야 할 대상이기 때문이다. 자연스럽게 "사랑보다 큰 그리움"은 "나를 밟고 건너야 할// 그 사람"을 위해 존재하는 '징검돌'의 실존적 책무로 확장되어간다. 이때 "오직 그 한 사람"

을 반드시 건너게 해야 하는 '징검돌'은 그 자체로 "그의 모두를 받아들인다는"(「냄비받침」) 마음을 함축하는 희생과 사랑의 형식이 아닐 수 없을 것이다.

>늦은 귀가를 기다리다
>이불 돌돌 말아 고치 집 지은 그녀를 본다
>머리 쪽에 숨구멍 하나 나 있다
>처마 낮은 방에 엎드려
>등이 가렵다고 피 나도록 긁으며
>삶이 쓴 약 같다던 그녀가
>숨을 드르렁 내쉬며
>번데기처럼 저승 잠을 잔다
>한참을 바라보다
>혹 아내의 집에 찬바람이 스밀까
>이불을 당겨 덮어주다
>화들짝 놀라 고치 속 그녀를 깨운다
>한 올 풀려 나온 실오라기가
>당겨도 끝이 보이지 않는다
>그녀와 나 사이에 이렇게 긴 경계가 있었던가

세상과 싸우고 나와 싸우느라

손에 단단한 각질을 새긴 그녀는

깨워도 깨워도 끔적하지 않는다

우화등선의 꿈을 꾸는지
— 「아내의 잠」 전문

시인의 사랑은 '아내'라는 구체적 대상을 향해 아련하게 번져간다. 자신의 늦은 귀가를 기다리다가 고치 집 짓고 잠이 든 아내의 머리 쪽에 난 숨구멍을 바라보면서 시인은 아내의 잠을 천천히 관조해간다. "삶이 쓴 약 같다던 그녀"의 저승 잠을 바라보면서 "아내의 집에 찬바람이 스밀까"를 걱정하는 시인은, 그녀와의 사이에 있는 긴 경계를 느끼면서도 "고독의 집 한 채 스스로 지은" 아내의 삶을 연민과 사랑으로 마음에 받아들인다. 그녀의 생은 "세상과 싸우고 나와 싸우느라/ 손에 단단한 각질을 새긴" 세월로 단단하게 결속되어 있다. "우화등선의 꿈을 꾸는" 아내의 잠을 통해 마치 "유목의 피를 가진 듯"(「바람도 늙는다」)한 그녀의 생에서 "바람이 나무를 스칠 때/ 울리는 공명"(「소리에 관한 단상」)을 느끼는 시인의 마음이 무겁지만 따뜻하게 각인되어간다.

무릇 인간은 시간이라는 흐름 속에서만 자신의 존재 형식을 유지하고 완성해갈 수 있다. 사실 모든 생명체의 생멸 과정이 시간 개념 위에서만 가능한 것이 아니겠는가. 그래서 초超시간성이라는 것은 인간이 상상하는 불가능한 꿈의 잔영殘影일 뿐이다. 이렇듯 우리 모두는 시간이라는 불가피한 제약 속에서 자신을 규정해가는 시간 내적 존재이다. 유대준은 이러한 시간 조건에서 헤어지고 사라져가는 순간들을 잡아내어 거기에 사랑의 형식을 부여해가는 시인이다. 이때 시간은 선험적이고 객관적인 물리적 실체로서 주어지는 것이 아니라, 시인 자신의 경험과 주관 속에서 재구성된 생성적인 것이다. 그의 시는 생명체들이 가진 유한자有限者로서의 불가피한 한계를 품으면서, 고도로 함축된 언어를 통해 그러한 실존적 순명順命의 흐름을 보여주는 예술적 실체로서 다가온다. 이때 시인의 언어는 서정시의 가장 본원적인 사랑의 원리로 차근차근 수렴되어가고, 궁극적 삶의 형식으로서의 사랑의 마음을 아름답게 구축해가는 과정을 잘 보여준다 할 것이다.

5. 삶의 이면을 들여다보는 역상逆像으로서의 서정시

지금까지 천천히 읽어온 것처럼, 우리가 유대준의 시를 신뢰의 눈으로 바라보는 까닭은 그것이 아무나 흉내 낼 수 없는 직접적 경험의 세계인 데다 한편으로는 그것이 삶의 이면을 비추어볼 수 있는 역상逆像의 기능을 매우 충실하게 수행하고 있기 때문이다. 사실 서정시는 현실과 꿈을 때로 결속하고 때로 분리하면서 씌어지게 마련인데, 유대준의 시는 현실과 꿈 어느 한쪽으로 치우치지 않고 그 사이의 아스라한 긴장 속에서 삶의 복합성을 반영하고 있는 것이다. 현실을 암시적으로 드러내면서도 그것을 치유하거나 넘어설 수 있는 꿈의 세계를 준비하여 현실과 꿈의 접점을 풍요롭게 언표하는 그의 시는, 그 꿈이야말로 폐허의 세계를 치유하고 회복하면서 새로운 상상력을 추구해가게끔 해주는 필연적 형질이라고 우리에게 말을 건넨다. 결국 그의 시는 남다른 기억의 힘으로 지난날을 재현하면서 그 시간을 항구적으로 간직하려는 꿈의 세계에서 발원하고 완성되는 언어예술이라 할 것이다. 한 영혼의 온전한 기억을 기록해온 양식으로써의 서정시가 독자적 빛을 발하는 순간이 아닐 수 없다. 그렇게 유대준의 시는 합리성에 의해 일사불란하게 구축되는 선험적 질서가 아니라 이성이 그어놓은 표지標識들을 재구성하면서 상상해낸 상징적 질서에 의해 스스로를 증명하고 있는 것이다.

또한 서정시를 포함한 모든 언어예술은 한 시대의 속성을 증언하려 한다. 인과론적 설명으로 세계가 분명해지지 않는다는 것이 확실해짐에 따라 시인들은 우리 시대의 복합성과 예측 불가능성 그리고 다양성으로 그리려고 한다. 주체의 정체성을 신념의 논리에서 연역하는 것이 아니라 무수한 타자의 목소리를 끌어들여 자신의 빈터를 채우는 작법을 지속적으로 견지해가는 것이다. 유대준의 시는 피아彼我의 확연한 구별이 아니라 양자 간의 경계를 허무는 작업을 끊임없이 착근시켜가면서, 구체적 시공간에서 빚어진 삶의 양상을 아득하게 불러오고 세상의 불모성에 의해 밀려난 경험들을 어둑한 풍경 속으로 끌어들인다. 그만큼 그의 시에 나타나는 사물이나 현상은 관념으로 초월하지 않고 그 안에 일정한 구체성을 일일이 배치해간다. 그래서 우리는 시간의 흐름을 형상적으로 암시해주는 사물이나 현상이 오로지 시적으로만 재구성되는 인위적 공간이 아님을 경험하면서, 동시에 서정시야말로 실재와 대립하는 비실재를 결합시키는 균형을 가진 외로된 예술 양식임을 깨닫게 된다. 이제 우리는 이러한 독자적 세계를 산뜻하게 보여준 이번 시집의 상재를 축하드리면서, 기억의 힘으로 가닿는 지극한 사랑의 미학을 담아낸 이번 시집의 성과가 더욱 심화되어 많은 이들의 삶에 새로운 미학적 감동으로 이어져가기를 마음 깊이 소망해보는 것이다.

현대시학시인선 142

기억의 그늘을 품다

초판 1쇄 발행	2024년 12월 10일

지은이	유대준
발행인	전기화
책임편집	이주희

발행처	현대시학사
등록일	1969년 1월 21일
등록번호	종로 라 00079호
주소	서울시 종로구 계동길 41
전화	02. 701. 2341
블로그	http://blog.daum.net/hdsh69
이메일	hdsh69@hanmail.net
배포처	(주)명문사 02. 319. 8663

ISBN	979-11-93615-11-9 03810

○ 책값은 뒤표지에 있습니다.
○ 이 책의 판권은 지은이와 현대시학사에 있습니다.
　이 책 내용의 전부 또는 일부를 재사용하려면 반드시 양측의 서면 동의를 받아야 합니다.
○ 잘못 만들어진 책은 구입하신 서점에서 교환해드립니다.
○ 이 책은 2024년도 전북특별자치도문화관광재단 지역문화예술육성지원사업의 지원을 받았습니다.